장서표 100

책에 새긴 이름

기획집단 MOIM 엮음

그림씨

장서표藏書票는 책의 주인을 밝히기 위해 책 표지 안쪽이나 면지에 부착하는 표식이다. 영어로는 Bookplate, 라틴어로는 Ex Libris라고 한다. 장서표에는 장서가의 이름과 '…의 장서에서'라는 뜻의 Ex Libris를 넣는다. 거기에 장서가가 좋아하는 격언이나 경구, 제작연도 등을 표시하고 문장紋章이나 미술적인 도안을 더하여 판화 기법으로 인쇄한다. 크기는 일반적으로 5~6cm이지만 작게는 우표, 크게는 엽서 사이즈에 이르기까지 다양하다. 서양에서는 별도의 종이에 판화를 찍어 책에 붙이는 장서표를 사용한 반면에, 동양에서는 책에 직접 찍는 장서인藏書印을 주로 사용하였다.

현존하는 가장 오래된 장서표는 요하네스 크나벤스베르크Johannes Knabensberg의 필사본 원고에 삽입된 것이다. 1450년에 제작된 이 장서표는 꽃을 입에 물고 있는 고슴도치가 그려져 있다.

초기에는 책이 매우 비싼 물건이었으므로 소수의 귀족들과 수도원에서만 소유할 수 있었다. 그래서 책 주인이 책 안쪽 면지에 직접 쓰거나 주로 가문을 나타내는 문장 그림과 장식을 곁들인 경구와 이름을 넣는 단순한 형식으로 자신의 소유를 표시하였다. 활판 인쇄술이 본격적으로 발전한 이후에는 책이 대중에게도 보급되었으므로 장서표의 수요도 많아졌다. 장서표 역시 판화를 이용해 대량으로 찍어 낼 수 있게 되면서 부착할 수 있는 작은 형태가 일반화되었다.

장서가 층이 두터워지면서 도안의 내용도 초상, 서가의 모습, 도서관 전경, 풍경 등으로 다양하게 발전했다. 루이 15세 치하 프랑스와 18세기 중엽 영국에서는 우의적 내용이 담긴 장서표도 등장했다. 19세기에는 삽화가들과 장식예술가들이 화려한 무늬와 장식으로 꾸민 다채로운 디자인을 선보였고, 장서표만 전문적으로 제작하는 디자이너도 생겨났다. 아르누보 예술가들은 화려한 장식과 누드 인물을 사용하며 새로운 유행을 만들어 냈다. 그러면서 점차 디자이너의 독특한 화풍에 곁들여 장서가의 직업과 취향이 반영된 개성적인 장서표가 나타났다.

현대에는 장서표를 예술 작품으로 취급하여 전문적으로 수집하는 사람도 있고, 다양한 장서표 컬렉션이 전시되기도 한다. 이 책에는 장서가의 개성이나 제작자의 예술성이 잘 드러난 작품 100점을 선별하여 실었다. 장서표에 표현된 장서가의 직업이나 개성을 추측해 보고 제작자의 숨겨진 서명을 찾아보는 재미도 있을 것이다. 독자 여러분도 나만의 개성 있는 장서표를 만들어 서가를 더욱 의미 있는 공간으로 꾸며 보길 바란다.

요하네스 한스 크나벤스베르크_Johannes Hans Knabensberg_

쇤스테트Schönstett **가문의 담당사제. 장서표에 쓴 Igler는 별명인데, 고슴도치를 의미하는 독일어 단어 Igel과 비슷하다.**

제작_ 미상. 1450년 무렵.

SIBI ET AMICS.P.

LIBER BILIBALDI · PIRCKHEIMER

빌리발트 피르크하이머 Willibald Pirckheimer(1470~1530)

**독일의 법률가, 르네상스 인문주의자. 신성로마제국 황제 막시밀리안 1세의 문학 자문역이었고 여러 고전
작품을 독일어로 번역했다. 화가 뒤러와 인문주의자 에라스뮈스와 친분이 두터웠다.**

제작_ 알브레히트 뒤러Albrecht Dürer(1471~1528). 독일의 화가, 판화가, 조각가. 연작 목판화집 《묵시
록》으로 전 유럽에 이름을 떨치며 큰 영향을 미쳤다. 이탈리아의 르네상스 미술을 모방하고 발전시켜 북
유럽 미술계에 르네상스를 꽃피웠다. 1500년 무렵.

ULTIMVS AD MORTĒ POST
OMNIA FATA RECVRSVS

라자루스 슈펭글러_Lazarus Spengler_(1479~1534)

독일의 저술가, 시의원. 마르틴 루터를 열렬히 지지하여 뉘른베르크에서 종교개혁을 적극 추진해 나갔다.
교황에게 파문된 루터가 보름스 국회에 출두할 당시 뉘른베르크 대표로 동행했다. 루터의 장미 문양을 디
자인했으며 찬송가를 작곡하기도 했다.

제작_ 알브레히트 뒤러. 1515년 무렵.

Ex libris Milena Moškon Cillia

밀레나 모슈콘 칠리아 *Milena Moškon Cillia*

제작_ 대 루카스 크라나흐Lucas Cranach the Elder(1472~1553). 독일의 화가, 판화가, 학자, 정치가. 작센 선제후 프리드리히 3세의 궁정화가로 일하며 화려한 풍경화와 수많은 목판화 연작을 제작했고 3색 색조 기법을 개척했다. 절친한 관계에 있었던 종교개혁가 루터의 여러 성서에 삽화를 제작했다. 주요 작품으로는 〈그리스도의 책형〉, 〈유디트〉, 〈아담과 이브〉 등이 있다.

Patriæ et Amicis.

핀칭 그륀트라흐_Pfinzing · Gründlach_ **가문**

독일 뉘른베르크 지방의 귀족 가문.

제작_ 안드레아스 콜Andreas Kohl(1624~1656). 독일의 판화가. 뉘른베르크에서 활동하며 귀족들의 초
상화를 제작했다. 1650년.

EXITUS ACTA PROBAT

George Washington

조지 워싱턴

조지 워싱턴 George Washington(1732~1799)

미국 건국의 아버지. 독립군 총사령관으로서 독립을 이끈 후, 새로운 연방헌법을 제정하고, 중앙정부의 권한을 강화했다. 초대 대통령이 되어 여러 세력을 단합하고 헌법을 실현하여 신생 미국의 기틀을 다지는 데 크게 공헌했다.

제작_ 미상. 1772년 무렵.

IN ARMIS LEONES

Ex Libris
D. D.
d' Archambault

007

다르샹보 *D. D. d'Archambault*

제작_ 앙투안 프랑수아 세르장 마르소Antoine L. François Sergent-Marceau(1751~1847). 프랑스의 화가, 판화가. 파리에서 3년 동안 판화를 공부한 후 샤르트르로 돌아가 판화를 제작하며 디자인을 가르쳤다. 프랑스 역사 속 유명 장면과 인물들을 표현한 채색 판화를 제작했다. 1778년.

Edward Gibbon Esq.

에드워드 기번_Edward Gibbon_(1737~1794)

영국의 역사가. 20년 동안 끈질기게 연구하고 12년에 걸쳐 집필한 끝에 1,300년 동안의 로마 역사를 다룬 《로마제국 쇠망사》를 완성했다. 이 작품은 이후 역사학은 물론 경제학, 정치학, 문화에 커다란 영향을 끼쳤다.

제작_ 미상.

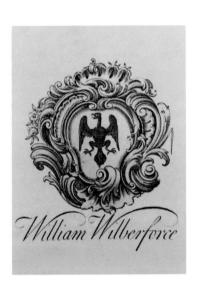

William Wilberforce

윌리엄 윌버포스 William Wilberforce(1759~1833)

영국의 정치가. 의회 개혁과 가톨릭교도의 정치적 해방을 지원하였고, 노예제도 폐지 운동에 앞장서 노예 무역 폐지법을 성사시켰다. 도덕성 회복과 사회체제의 전반적 개혁 및 사회구조의 모순을 해결하기 위해 헌신했다.

제작_ 미상.

폴 라크루아_Paul Lacroix(1806~1884)_

프랑스의 애서가, 작가, 언론인. 파리 아스날도서관 사서이며, _Jacob Bibliophile_라는 필명을 즐겨 썼다. 나폴레옹 1세 시대를 비롯하여 여러 시대를 다룬 역사서를 다수 펴냈다.

제작_ 마리우스 페레Marius Perret(1853~1900). 프랑스의 화가. 의학 공부와 그림 공부를 병행했다. 아프리카를 여행한 후 세네갈의 풍경을 그린 작품으로 살롱 전시회에서 메달을 수상했다. 1893년에는 프랑스 최초의 동양화가협회 살롱에 참가했다. 1884년.

그레이 백작 토머스 필립*Thomas Philip de Grey, 2nd Earl de Grey*(1781~1859)

영국의 귀족, 정치가. 1834년 추밀원 고문관이 되었고, 1844년에는 가터 기사 훈장을 받았다. 베드포드셔 군사 고문관과 아일랜드 군사 고문관을 역임했다.

제작_ 미상.

CRE DE BIRON

Byron.

조지 고든 바이런_George Gordon Byron_(1788~1824)

영국의 낭만파 시인. 6대 바이런 남작. 천부적 재능, 수려한 외모, 귀족 작위로 사교계에서 인기를 누렸고,
《차일드 해럴드의 순례》로 단숨에 낭만주의의 선두 주자로 등극했다. 비통한 서정, 습속에 대한 반골 기질,
날카로운 풍자, 근대적인 내적 고뇌로 전 유럽을 풍미했고, 주요 작품으로는 《사르다나팔루스》, 《돈 후안》
등이 있다.

제작_ 미상.

Dieses
Vorschriften-büchlein
gehöret:

Susanna Byerin

deschreib deselber zu der Ha:
melloner Schule A Northampton
Caunty. Novembershr Iz 12 ten
März A: Do: 1810.

A:

수산나 에예린_Sussana Eyerin_

제작_ 요한 아담 에예르Johann Adam Eyer(1755~1837). 미국의 시각예술가. 펜실베이니아의 메노나 이트파와 루터파 학교에서 50년 동안 교사로 재직하며 프락투르 공예 작품을 수백 점 제작했다. 1810년.

Johannes
Landes;
1817

요하네스 란데스_Johannes Landes_

제작_ 미상. 1817년.

CHARLES DICKENS.

찰스 디킨스*Charles Dickens*(1812~1870)

영국의 소설가. 희곡 소설 《픽윅 클럽》을 분책으로 출간하여 유명해졌다. 특히 가난한 사람들에게 깊은 동정을 보이고 악습을 비판하면서 사회에서 실제 벌어지는 일들을 그려 냈다. 각양각색의 인물과 진지하면서도 유머러스한 상황을 폭넓게 묘사하고 있다. 사후에도 작품이 각 나라의 언어로 번역되어 셰익스피어 못지않은 명성을 누리고 있다. 대표작으로 《데이비드 코퍼필드》, 《크리스마스 캐럴》, 《위대한 유산》, 《두 도시 이야기》 등이 있다.

제작_ 미상.

MANET

ET MANEBIT

에두아르 마네_Édouard Manet_(1832~1883)

프랑스의 화가, 근대 회화의 선구자. 밝은 색을 강조한 혁신적인 표현으로 세상의 주목을 끌었고, 모네와 피사로 등 젊은 화가들을 규합하여 인상파를 발전시켰다. 대표작으로는 〈풀밭 위의 점심〉, 〈피리 부는 소년〉, 〈올랭피아〉 등이 있다.

제작_ 펠릭스 브라크몽Félix Bracquemond(1833~1914). 프랑스의 화가, 판화가. 새와 동물을 즐겨 다루어 풍경화에 오리, 거위, 제비, 양, 토끼, 쥐 등을 많이 그렸다. 마네를 비롯한 인상파 화가들과 교류하면서 그들에게 판화를 가르쳤고, 유럽 장식예술계에 일본 풍 사조를 소개했다. 1875년.

Dieses Heilige Buch
gehört mir
Jacob Frey
April 14ten
1834

제이콥 프레이_Jacob Frey_

제작_ 데이비드 컬프David Kulp(1777~1834). 미국의 학교 교사, 프락투르 공예가. 메노나이트파가 세운 학교에서 학생들을 가르치며 프락투르 공예품을 제작했다. 1834년.

조지프 나이트 Joseph Knight(1829~1907)

영국의 언론인, 연극 평론가, 연극 역사가. 평생 동안 책을 수집했으며, 1893년에는 런던골동품학회 회원이 되었다.

제작_ 윌리엄 벨 스콧William Bell Scott(1811~1890). 스코틀랜드의 화가, 판화가, 시인, 저술가. 영국에서 처음으로 산업혁명 과정을 광범위하게 묘사했다. 블레이크와 셸리를 연상시키는 시를 간헐적으로 발표했고, 몇 작품에는 동판화로 직접 삽화를 제작했다. 또한 키츠, 바이런, 새뮤얼 콜리지, 셸리, 셰익스피어, 월터 스콧의 작품을 편집하기도 했다. 1881년.

BIBLIOTHECA TROLLEHOLMIAE

CARL TROLLE BONDE

ANNO 1888

칼 트롤레 본데 Carl Trolle-Bonde(1843~1912)

스웨덴의 정치가.

제작_ 하세 툴베르크Hasse W. Tullberg(1844~1929). 스웨덴의 출판인, 영화제작자. 젊었을 때부터 서점업계에서 일을 시작한 후 자신의 이름을 딴 출판사를 설립했다. 예술 작품처럼 풍부한 일러스트를 곁들인 책들을 많이 펴냈다. 나중에는 영화제작에까지 뛰어들어 그레타 가르보를 데뷔시키기도 했다. 1888년.

QUI·PLANTAVIT·CURABIT

Theodore Roosevelt.

시어도어 루스벨트_Theodore Roosevelt_(1858~1919)

미국의 정치가, 작가, 제26대 대통령. 공화당 소속으로 1901년 윌리엄 매킨리 대통령의 사망으로 대통령 직을 승계하여 1909년까지 재임했다. 국민들의 반재벌 정서에 부합하는 정책과 환경 보존 정책을 추진했 다. 러일전쟁 중재, 모로코 분쟁 해결 등의 공로를 인정받아 1907년 노벨 평화상을 수상하였다.

제작_ 프레더릭 스펜슬리Frederick Spenceley(1872~1947). 미국의 화가, 장서표 디자이너. 특히 문장 紋章이 들어간 장서표를 즐겨 디자인했고, 100여 점이 넘는 장서표를 제작했다. 1890년.

River House · Hammersmith · 1884 ·

RICH · ST'P'R · PHILPOTT · M · A ·
PREBENDARY · OF · WELLS ·

리처드 스탬퍼 필포트_Richard Stamper Philpott(1848~1894)_

영국의 성직자. 웰스교구 신부였으며, 웰스신학대학 학장을 역임했다.

제작_　윌리엄 하코트 후퍼William Harcourt Hooper(1834~1912). 영국의 화가, 판화가. 주간지 등을 비롯한 다양한 매체에 그림을 그렸고, 번 존스, 애쉬비 같은 화가들의 그림을 판화로 제작했다. 섬세한 장인 정신을 가진 마지막 목판화가로 평가받는다. 1893년.

EX LIBRIS

JOHN
LVMSDEN
PROPERT

1893

존 럼스덴 프로퍼트 John Lumsden Propert(1835~1902)

영국의 의사, 미술비평가. 또한 훌륭한 판화가이자 미술품 감정가로 명성이 자자했다. 영국에서 세밀화에 대한 취향을 다시 되살렸다는 평가를 받는다. 세밀화의 역사 등 미술 관련 서적을 여러 권 저술했다.

제작_ 오브리 비어즐리Aubrey Beardsley(1872~1898). 영국의 작가, 삽화가. 일본 목판화에 영향을 받아 그로테스크하고 퇴폐적이며 에로틱한 잉크 드로잉을 많이 그렸다. 오스카 와일드와 제임스 맥닐 휘슬러와 함께 심미주의 운동을 이끌었다. 짧은 생애를 살았지만 아르누보 양식과 포스터 발전에 크게 기여했다. 1893년.

EX LIBRIS

ARCH. D.ʳ JAROSLAV POLÍVKA

야로슬라프 폴리브카_Dr. Jaroslav Polívka(1886~1960)_

폴란드의 토목공학 박사 및 기사. 1941년 미국으로 이주하여 버클리대학교에서 가르쳤고, 구겐하임미술관 건설 프로젝트에도 참여했다.

제작_ 알폰스 무하Alfons Mucha(1860~1939). 체코의 화가, 장식예술가. 아르누보 양식의 대표 작가로서 선과 장식적인 문양과 풍요로운 색감, 젊고 매혹적인 여성에 대한 묘사로 아르누보의 정수를 보여 주었다. 포스터와 장식품 등 실용미술을 순수미술의 단계로 끌어 올리며, 근대미술의 새로운 영역을 개척했다고 평가받는다. 1910년.

EX LIBRIS

THEODVLE COMTE DE GRAMMONT

테오뒬 콩트 드 그라몽_Theodule Comte de Grammont_(1865~1940)

프랑스 귀족 가문의 일원.

제작_ 로버트 애닝 벨Robert Anning Bell(1863~1933). 영국의 화가, 삽화가. 리버풀예술대학 학장을
역임했고, 많은 장서표를 디자인했다. 1896년.

EX LIBRIS

FREDERIC LEIGHTON

프레더릭 레이턴_Frederic Leighton(1830~1896)_

영국의 화가, 조각가. 역사와 성경과 고전을 소재로 탐미적인 작품을 그렸다. 영국 왕립미술원 원장을 역임하고 1896년에 화가로서는 처음으로 남작 작위를 받았다.

제작_ 로버트 애닝 벨. 1894년.

Aus der
Büchersammlung
von
B. Bagge.

요한나 베르타 바게_Johanna Bertha Bagge(1859~1939)_

**독일의 화가, 판화가. 유화, 수채화, 파스텔화, 판화 등 다양한 미술 작품을 창작했다. 주로 고향인 프랑크
푸르트의 전망을 즐겨 그렸다.**

제작_　요한나 베르타 바게. 1895년.

토머스 제퍼슨 맥키*Thomas Jefferson McKee*(1840~1899)

미국의 변호사. 뉴욕의 유명 변호사로 이름을 날렸으며 희귀 도서를 수집했다.

제작_ 에드윈 데이비스 프렌치Edwin Davis French(1851~1906). 미국의 판화가, 장서표 디자이너. 뒤러의 영향을 많이 받았고, 1893년부터 330점이 넘는 장서표를 제작했다. 미국미술협회 창립 회원이었다. 1895년.

NEW YORK
YACHT CLUB
LIBRARY.

NOS AGIMVR TVMIDIS VELIS

E D French sc.   1900

Nº

뉴욕 요트 클럽_New York Yacht Club_

미국 동부에 있는 항구 도시 뉴포트에 위치한 요트 클럽. 1844년 저명한 스포츠맨 9명이 설립하여 100년이 넘는 역사를 자랑하며, 현재 회원은 3천 명 정도로 추산된다.

제작_ 에드윈 데이비스 프렌치. 1900년.

EX LIBRIS
NATHAN T. PORTER. JR.

네이션 포터 Nathan T. Porter Jr.(1867~1947)

미국 뉴욕의 사업가. 예일대를 졸업한 후 직물업에 종사했다. 에드윈 데이비스 프렌치의 장서표 200점을
수집한 컬렉션을 남겼다.

제작_ 에드윈 데이비스 프렌치. 1900년.

EX·LIBRIS

Aut Pax
aut Bellum

Virtute et fide

MOROCCO

MEXICO

FINLAND
NORWAY
ICELAND

MOROCCO
MEXICO
SICILY

E·ALEC·TWEEDIE·LON·DON

에델 앨릭 트위디 Mrs. Ethel Alec Tweedie(1862~1940)

영국의 작가, 역사가, 사진작가, 화가. 남편과 아버지를 급작스럽게 여읜 후 생계를 위해 글을 쓰기 시작하여, 성공적인 여행기 작가가 되었다. 화가로서 전시회도 열었고 여성의 권리와 참정권을 열렬히 옹호했다.

제작_ 월터 크레인Walter Crane(1845~1915). 영국의 화가, 판화가, 장식예술가. 윌리엄 모리스의 이념에 공명하여 '예술 수공예 운동'을 추진했다. 영국 아르누보의 선구자이지만, 라파엘 전파前派의 특성도 강하다. 벽지, 스테인드글라스, 자수 등의 디자인 외에 그림책의 삽화에도 뛰어난 실력을 보였다. 1896년.

A BIT OF BLUE AND WHITE.

프레더릭 리치필드_Frederick Litchfield_(1850~1930)

미국의 삽화가, 고가구 권위자. 고가구 수집 및 고가구의 역사를 정리한 저서를 남겼다.

제작_ 헨리 스테이시 마크스Henry Stacy Marks(1829~1898). 영국의 화가, 삽화가. 초기에는 주로 셰익
스피어의 작품과 중세 시대를 소재로 유화를 그렸지만, 점점 벽화와 수채화로 영역을 넓혔다. 미술 협회
에서 조류 전시회를 기획한 것을 계기로 새에 대해 집중적으로 연구하며 새를 묘사한 장식예술에도 관심
을 기울였고 장서표도 디자인했다. 1891년.

PERSEVERANTIA

ROBINSON DUCKWORTH

로빈슨 더크워스_Robinson Duckworth(1834~1911)_

영국의 성공회 사제. 옥스퍼드대 재학 시절 루이스 캐럴과 함께 뱃놀이를 한 인연으로 《이상한 나라의 엘리스》 속 오리로 묘사되었다. 찰스 다윈의 장례식을 주재했고, 영국 왕실의 궁정 사제를 역임했다.

제작_ 헨리 스테이시 마크스. 1874년.

VITA·SINE
LITERIS
MORS
EST

EX·LIBRIS
HEINRICH
STVMCKE

Here:

EX·LIBRIS·
KATE·PEMBURY

케이트 펨버리 *Kate Pembury*

제작_ 퍼시 빌링허스트Percy J. Billinghurst(1871~1933). 영국의 삽화가. 《이솝 우화집》, 《라퐁텐 우화 집》등 여러 책에 삽화를 그렸다. 1898년.

BUT·A·GATHERER·AND·DISPOSER·OF·OTHER·MEN'S·STUFF·

I·AM·

R·H·WOTTON

GRAVURES·

·GOLTZIVS

O·N·STAUFFER

·WILLIAM·LIVERMORE·KINGMAN·

윌리엄 리버모어 킹맨 *William Livermore Kingman*(1868~1926)

제작_ 데이비드 맥닐리 스타우퍼David McNeely Stauffer(1845~1913). 미국의 엔지니어, 편집인, 저술
가, 삽화가, 수집가. 편지, 원고 등을 수집했고, 인쇄업자들과 판화가들에 관해 연구했다. 장서표를 디자
인하고 펜화와 잉크 드로잉을 그렸다. 1898년.

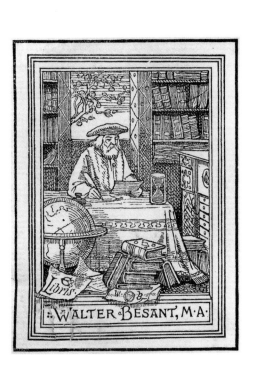

Libris.

W. B.

WALTER BESANT, M·A·

월터 베전트 Walter Besant(1836~1901)

영국의 소설가, 역사가. 40권이 넘는 소설 외에도 다양한 역사서를 저술했다. 런던의 역사와 지형에 대해서도 많은 작품을 썼다.

제작_ 존 비니콤John Vinycomb(1833~1928). 영국의 예술가, 작가. 아일랜드 왕립골동품학회 부회장을 역임했고, 벨파스트미술협회를 창립했다. 문장紋章의 권위자로 인정받았으며 장서표에 관한 책을 여러 권 펴냈다. 1899년.

ADOLF FREY

EXLIBRIS

H. HIRZEL

아돌프 프라이*Adolf Frey*(1855~1920)

스위스의 작가, 문학 역사가. 취리히대학에서 독일 문학을 가르쳤고 노벨상 후보에 일곱 번이나 올랐다.

제작_ 헤르만 로베르트 히르첼Hermann Robert C. Hirzel(1864~1939). 독일의 화가, 그래픽 디자이너. 1900년.

막심 고리키_Maksim Gor'kij(1868~1936)_
러시아의 사회주의 혁명가, 문학 작가. 러시아의 고전적 리얼리즘을 완성하고 '사회주의 리얼리즘'을 창시
했다. 제정 러시아 하층민의 생활을 묘사하는 등 프롤레타리아 문학의 선구자였다. 민중에서 떠난 문학의
타락을 지적하며 현실 변혁, 인간 의식을 개조하는 무기로서 문학적 의의를 강조했다. 대표작으로는 희곡
《밤주막》, 자전적 3부작《어린 시절》,《세상 속으로》,《나의 대학》등이 있다.

제작_ 에프라임 모제스 릴리엔Ephraim Moses Lilien(1874~1925). 오스트리아의 삽화가, 판화가. 유대
인을 주제로 한 작품을 그려 최초의 시온주의 아티스트로 불린다. 부드러운 자연미를 표현한 다른 아르누
보 작가들과 달리 무표정한 인물과 암시성을 표현하여 강렬한 인상을 남겼다. 많은 장서표와 삽화를 제작
했다. 1905년.

EX LIBRIS
BUSSE=PALMA

Exlibris des Dichters Georg Busse=Palma

게오르크 부세
팔마

게오르크 부세 팔마_Georg Busse - Palma(1876~1915)_

독일의 시인, 작가. 오스트리아, 벨기에, 프랑스, 이탈리아를 방랑하다가 베를린에 정착하여 작품 활동을
했다. 상징주의와 아르누보에 영향을 받아 병적 은유로 가득한 다채로운 스타일을 구사했다.

제작_ 에프라임 모제스 릴리엔.

EX·LIBRIS

LLOYD
OSBOURNE

로이드 오스본_Lloyd Osbourne_(1868~1947)

미국의 작가. 의붓아버지인 영국 작가 로버트 루이스 스티븐슨과《썰물》을 비롯하여 세 작품을 공동 저술했다. 다른 대표작으로《사랑, 바이올린 연주자》,《자동차광》 등이 있다.

제작_ 로버트 루이스 스티븐슨Robert Louis Stevenson(1850~1894). 영국의 소설가, 수필가. 파리에서 만난 10년 연상의 미국 여성과 결혼한 후 미국에서 본격적인 작품 활동을 시작했다. 의붓아들인 로이드 오스본을 위해 집필한 모험소설《보물섬》으로 명성을 얻었고, 나중에는 걸작《지킬 박사와 하이드》를 발표했다. 판화를 손수 배워 오스본에게 이 장서표를 만들어 주었다.

Aufwärts den Schritt

Exlibris Georg Hittl·

게오르크 히틀

게오르크 히틀_Georg Hitl_

제작_ 게오르크 바를뢰시우스Georg Barlösius(1864~1908). 독일의 화가, 판화가, 삽화가, 그래픽 아티
스트. 많은 책을 디자인하고, 삽화를 그렸으며, 장서표를 다수 제작했다. 타이포그래피에 관심이 많아 자
신의 이름을 딴 글꼴을 만들어 장서표 등에 사용했다.

Ex libris

Otto Hansel

오토 한셀 Otto Hansel

제작_ 게오르크 바를뢰시우스. 1900년.

EX LIBRIS

WILLIAM ERNST KAPS

윌리엄 에른스트 카프스 William Ernst Kaps(1872~1943)

독일의 사업가. 피아노 제조업자인 아버지 에른스트 칼 빌헬름 카프스 Ernst Karl Wilhelm Kaps**가 세운
에른스트 카프스 피아노사를 운영했다.**

제작_ 한스 웅거Hans Unger(1872~1936). 독일의 아르누보 화가, 장식예술가. 독일예술가협회의 회원
이 되었고, 북해, 발트해 연안, 이탈리아 및 이집트 등지로 여행하며 수채화와 파스텔화를 그렸다. 결혼한
후에는 아내와 딸을 모델로 하여 아르누보 양식의 몽환적인 모습으로 여성을 표현했고, 포스터와 장서표
도 디자인했다. 1900년.

빈 분리파 Vienna Secession

1897년 구스타프 클림트를 초대 회장으로 그래픽 디자이너이자 장식예술가인 콜로먼 모저, 건축가 오토 바그너, 요제프 마리아 올브리히 등이 주축이 되어 결성된 예술가 집단. 판에 박힌 사상에 더 이상 의존하지 않고 미술과 삶의 상호 교류를 통하여 인간의 내면적 의미를 미술을 통해 전달하고자 했다. 인상주의와 아르누보의 영향을 받은 회화 운동에서 출발했지만 현대건축과 공예 부문에서도 큰 성과를 거두었다. 에곤 실레, 오스카어 코코슈카, 칼 몰, 리하르트 게르스틀 등의 미술가들도 함께 했다.

제작_ 구스타프 클림트Gustav Klimt(1862~1918). 오스트리아의 화가. 아르누보 계열의 장식적인 양식을 선호하며 전통 미술에 대항해 '빈 분리파'를 결성했다. 관능적인 여성 이미지와 찬란한 황금빛, 화려한 색채를 특징으로 하고 성性과 사랑, 죽음에 대한 알레고리로 많은 사람들을 매혹시켰다. 주요 작품으로는 〈유디트〉, 〈아델레 블로흐 바우어의 초상〉, 〈키스〉 등이 있다. 1900년.

EX LIBRIS

DR. GEORG BURCKHARD

게오르크 부르크하르트 Dr Georg Burckhard(1848~1927)

독일의 약사, 정치가. 본대학과 하이델베르크대학에서 자연과학 박사 학위를 받았다. 국경경비대 수석 약사였고, 기독교사회당 서기를 역임했다. 1903년에서 1918년까지 독일 국가의회 의원으로 활동했다.

제작_ 프란츠 퇴로프Franz Paul Türoff(1873~1942). 독일의 화가. 뮌헨예술학교를 졸업한 후 화가로 활동했다. 초상화가로서 명성이 높았으며, 중류층 거실이나 농가의 모습 등 생활공간을 묘사한 그림을 즐겨 그렸다. 1900~1905년.

EDITHA MAVTNER O VON
MARK HOF BARONIN SVNSTENAV

FLEISS
VND
WILLE

EX LIBRIS

에디타 마우트너_Editha Mautner von Markhof_(1883~1969)

독일의 그래픽 아티스트, 디자이너. 콜로만 모저의 아내. 달력 시트, 어린이 장난감 및 타로 카드 등을 디자인했다. 이 장서표는 남편인 콜로만 모저가 만들어 준 것이다.

제작_ 콜로만 모저Koloman Moser(1868~1918). 오스트리아의 화가, 장식예술가. 구스타프 클림트, 요제프 호프만과 함께 아르누보 운동을 주도했다. 그래픽, 패션 드로잉, 일러스트로 시작했지만 도자기, 가구, 패브릭, 인테리어 디자인 등 모든 분야로 영역을 넓혔다. 빈공방을 창립했고, 미학적으로나 기능적으로나 디자인이 획기적인 작품들을 남겼다. 1907년.

EXLIBRIS

ADELE
BLOCH

아델레 블로흐
바우어

아델레 블로흐 바우어 *Adele Bloch - Bauer(1881~1925)*

오스트리아에서 부유한 유태계 금융업자의 딸로 태어나 17세 연상의 금융업자 페르디난트 블로흐와 결혼
했다. 사교계에 입문한 후 살롱을 열어 많은 명사들을 초대했고, 문인 슈테판 츠바이크, 작곡가 구스타프
말러, 정치가 카를 레너와 교류했다. 클림트의 대표작 가운데 하나인 〈아델레 블로흐 바우어의 초상〉의 모
델이다.

제작_ 콜로만 모저. 1905년.

제임스 헨리 달링턴_James Henry Darlington_(1856~1930)

미국 성공회 주교. 시인이기도 했으며, 책과 역사적인 악기들을 수집했다.

제작_ 루이스 리드Louis J. Rhead (1857~1926). 영국 출신의 화가, 삽화가, 작가. 도예가인 아버지에게서 미술을 배웠다. 24세에 미국으로 이주하여 정착했다. 스위스 예술가들의 작품에 영향을 받았고, 포스터 화가로서 명성을 떨쳤다. 이후에 《로빈 후드》,《로빈슨 크루소》,《보물섬》,《하이디》의 작품에 삽화를 그렸고, 장서표 15점을 제작했다. 1902년.

EX·
LIBRIS.

Simon Peter said,
I go a fishing; and
they said, We also will go with thee.

·LOUIS·
RHEAD

루이스 리드

제작_ 루이스 리드. 1907년.

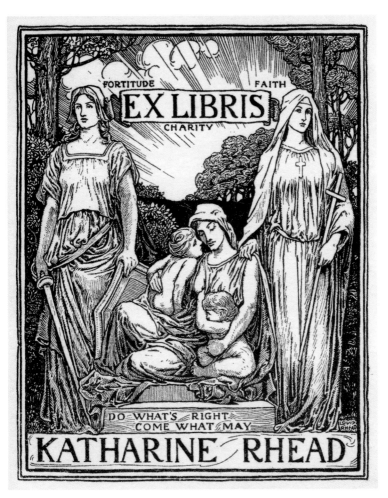

캐서린 리드_Katharine Rhead_

루이스 리드의 아내.

제작_　루이스 리드. 1900년.

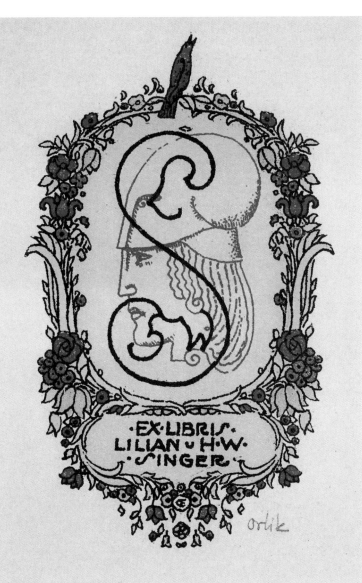

EX·LIBRIS·
LILIAN · H·W·
·SINGER·

orlik

한스 징거와 릴리안 징거 부부 *Hans Wolfgang Singer(1867~1957) & Lilian Singer*
한스 징거는 독일의 미술사가이자 큐레이터다. 드레스덴판화원 원장을 역임했고 여러 권의 책을 저술했다.
16세기와 현대의 판화 기법에 관한 책, 근대 장서표와 디자이너에 대한 논문, 이 장서표를 제작해 준 에밀
오를릭의 그림에 관한 책을 저술했다.

제작_ 에밀 오를릭Emil Orlik(1870~1932). 체코슬로바키아의 화가, 판화가. 뮌헨예술학교에서 공부한
후 다양한 판화 과정을 섭렵했다. 일본에 가서 목판화 기법을 배웠고, 베를린미술공예학교에서 학생들을
가르쳤다. 많은 장서표를 제작했다. 1898~1900년.

EX LIBRIS
FRANZ
ANDERLE

프란츠 안데를레_Franz Anderle(1847~1922)_

오스트리아의 건축가.

제작_ 에밀 오를릭. 1910년.

053

파울 바허

파울 바허*Paul Bacher*(1866~1907)

오스트리아의 중요한 예술 후원가. 1905년에 빈 분리파를 탈퇴한 클림트를 비롯하여 여러 화가들에게 전시 공간을 무료로 빌려주었다. 이 장서표를 제작해 준 에밀 오를릭에게도 전시 공간을 빌려주어 큰 성공을 거둘 수 있게 해 주었다.

제작_ 에밀 오를릭. 1905년.

독일 황제 빌헬름 2세*Wilhelm II, German Emperor*(1859~1941)

독일 황제 겸 프로이센 왕. 적극적인 해외 진출을 도모하는 정책을 취했으나, 독선적·단견적 행동으로 독일을 국제적으로 고립시켰고, 주변 국가들이 동맹을 맺어 대독 포위망을 구축하게 만들었다. 제1차 세계대전이 끝나갈 무렵 국민의 원성에 더 이상 버티지 못하고 퇴위한 후 네덜란드로 망명했다.

제작_ 에밀 되플러Emil Döpler der Jüngere(1855~1922). 독일의 아르누보 장식예술가, 삽화가, 사업가, 작가. 화가이자 삽화가인 아버지에게서 미술을 처음 배웠다. 바이마르공화국 이후 독일의 문장으로 사용된 독수리를 디자인했다. 1896년.

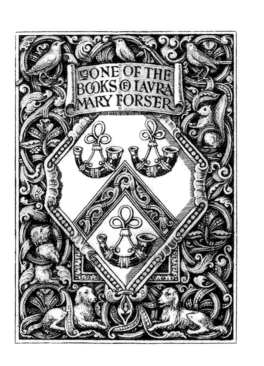

ONE OF THE BOOKS OF LAVRA MARY FORSER

로라 메리 포스터_Laura Mary Forster_(1839~1924)

**영국의 부유한 은행가의 딸로 태어나 평생 독신으로 지냈다. 소설가 에드워드 모건 포스터의 고모이며, 다
윈의 장녀 헨리에타와 오랜 친분을 쌓았다.**

제작_ 조지 윌리엄 이브George William Eve(1855~1914). 영국의 판화가. 문장紋章의 권위자였고, 윈
저성 도서관을 비롯하여 왕실 가문을 위해 많은 장서표와 중요한 우표를 디자인했다. 개인을 위한 장서표
디자인으로도 명성을 떨쳤다. 1902년.

EX LIBRIS

ADOLF
ESSIGMANN

아돌프 에시크만 *Adolf Essigmann*

제작_ 막시밀리안 리벤바인Maximilian Liebenwein(1869~1926). 오스트리아의 화가, 그래픽 아티스
트, 삽화가. 인상파 및 아르누보 양식의 화풍을 구사하며 빈 분리파의 중요한 일원으로 활동했고, 많은 장
서표를 제작했다. 1903년.

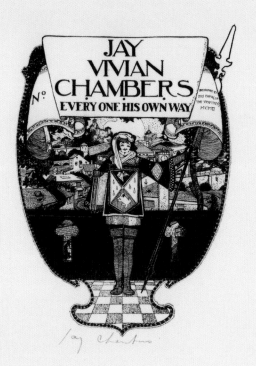

제이 비비언 체임버스 Jay Vivian Chambers(1901~1961)

미국의 언론인, 작가. 24세 때 공산당에 가입하여 미국에서는 최초로 소련 첩보원으로 활약했다. 그러나 1939년에 전향한 후 반공주의자가 되었고, 《타임 매거진》과 《내셔널 리뷰》에서 편집자로 일하며 글을 썼다. 이 장서표를 제작한 제이 체임버스의 아들로서 본명은 제이 비비언이었으나 휘태커Whittaker로 개명했다.

제작_ 제이 체임버스Jay K. Chambers(1866~1916). 아일랜드 출신의 미국 화가, 장식예술가. 장서표 디자이너로 활동하며 많은 장서표를 제작했다.

EX LIBRIS

默而識之學而不厭

誨人不倦何有於我哉

FREDERICK WELLS WILLIAMS.

프레더릭 웰스 윌리엄스 Frederick Wells Williams(1857~1928)

미국의 저술가, 편집자. 중국과 시암 왕국의 역사에 관한 책들을 여러 권 저술했다.

제작_ 윌리엄 파울러 홉슨William Fowler Hopson(1849~1935). 미국의 화가, 판화가, 삽화가. 1900년 파리박람회에서 작품을 전시했으며 많은 미술 단체에 소속되어 활동했다. 1892년 첫 작품을 시작으로 많은 장서표를 제작했다. 1898년.

EX·LIBRIS
HERBERT ¹E·
AND
MARY P·S·HEATHFIELD
·1904·

허버트 히스필드와 메리 히스필드 부부 *Herbert d'E. & Mary Y. S. Heathfield*

제작_ 윌리엄 파울러 홉슨. 1904년.

수전 제니 앨런*Susan Janney Allen*

미국장서가협회 회원. 어린이 단막극 〈동풍의 복수〉를 쓴 것으로 추정된다.

제작_ 윌리엄 파울러 홉슨. 1912년.

Calvin Coolidge

Eng. on wood by Timothy Cole Sc. & Del.

캘빈 쿨리지 John Calvin Coolidge(1872~1933)

미국의 정치가. 매사추세츠 주 상원 의원과 주지사 등을 거쳐 공화당 부통령을 지냈고, 하딩 대통령의 사망으로 제30대 대통령직을 승계하였다가 이듬해에 재선에 성공했다. 고립주의 대외 정책, 감세, 정부 효율 강화 정책을 추진했다. 부패 관리 축출로 공직에 대한 신뢰를 회복시켰지만 경제정책은 그다지 성공적이지 못한 것으로 평가받는다.

제작_ 티모시 콜Timothy Cole(1852~1931). 영국 출신의 화가, 판화가, 삽화가. 1858년 가족을 따라 미국으로 이주하여 정착하였다. 목판화가 쇠퇴한 이후에도 명성을 잃지 않았다. 1900년 파리박람회 전시회에서 메달을 받았고 1908년 국립디자인협회 회원이 되었다. 1928년.

EXLIBRIS PAUL WEISE

파울 바이제/*Paul Weise*

제작_ 에른스트 알베르트 피셔 쾨를린Ernst Albert Fischer-Cörlin(1853~1932). 독일의 화가, 그래픽 아티스트. 베를린의 프러시아예술학교에서 공부한 후 프리랜서 아티스트로 활동했다.

PAUL VOIGT

파울
포이크트

파울 포이크트_Paul Voigt(1854~1924)_
독일의 유명 판화가, 장서표 디자이너. 독일 정부 인쇄국 산하 장서표부 부장 및 디자이너로 활동하며 인쇄
국과 인쇄국장, 베를린우체국과 우체국장, 추밀원 고문관의 장서표를 제작했다.

제작_ 파울 포이크트.

Ex libris

Francis Lowell

나르시스 클라벨/Narcis Clavell

제작_ 알레한드로 데 리퀘르Alejandro de Riquer(1856~1920). 스페인의 화가, 삽화가, 판화가, 디자이너, 작가, 시인. 다재다능한 예술가로서 카탈루냐 모더니즘을 대표하는 인물이며, 훌륭한 드로잉 기술을 갖춘 그래픽 디자이너였다. 포스터, 판화, 삽화, 엽서, 우표, 악보, 명함, 장서표 등 다양한 작품을 제작했고 책도 저술했다. 1902년.

Ex libris
Alfonso XIII

스페인 왕 알폰소 13세 *Alfonso XIII, King of Spain*(1886~1941)

스페인의 국왕. 아버지 알폰소 12세의 유복자로서 출생하자마자 왕이 되었지만 1902년 16세가 될 때까지 모후인 마리아 크리스티나의 섭정을 받았다. 군국주의적 통치로 국가의 위기를 극복하고 재건을 이루려는 목적에서 리베라 장군이 쿠데타로 집권한 군부독재를 용인했지만 1931년 제2공화국이 출범하면서 망명하였다.

제작_ 알레한드로 데 리퀘르. 1904년.

EX - LIBRIS ∴ ○ MARIE MAVTNER

마리 마우트너_Marie Mautner(1886~1972)_

오스트리아의 화가, 시인. 부유한 섬유 기업 가문에서 태어나 어렸을 때부터 민속음악과 예술에 관심이 많았다. 장서표를 제작해 준 페르디난트 슈무처를 비롯하여 여러 예술가들로부터 조각, 회화, 피아노 연주 등의 개인 교습을 받았다.

제작_ 페르디난트 슈무처Ferdinand Schmutzer(1870~1928). 오스트리아의 사진작가, 판화가, 그래픽 아티스트. 빈 분리파 회원으로 활동했고, 빈예술학교 교수를 역임했다. 프로이트, 아인슈타인 등 동시대 유명인들을 모델로 초상화를 그렸고, 동판화에 새로운 기법을 도입한 것으로 평가받는다. 1905년.

EX LIBRIS

ALBERT HEINE

알베르트 하이네_Albert Heine_(1867~1949)

독일의 연극배우, 영화배우, 감독. 배우로 활동한 후 무성영화 두 편을 연출했고, 1818년부터 1921년까지 빈의 부르크극장 감독을 역임했다.

제작_ 페르디난트 슈무처. 1913년 무렵.

리하르트 그라울_Richard Graul_(1862~1944)
**독일의 박물관장, 예술사가. 라이프치히박물관을 유럽의 주요 박물관으로 발전시켰고 라이프치히미술공
예협회를 설립했다.**

제작_ 막스 클링거Max Klinger(1857~1920). 독일의 상징주의 화가, 조각가, 판화가, 작가. 아돌프 멘젤
과 고야의 동판화에 감화되어 판화를 배우기 시작했다. 로마에 체류하는 동안 이탈리아 르네상스와 유물
에 영향을 받았고 조각으로 작업 영역을 넓혔다. 1906년.

알프레트 마르틴 Alfred H. Martin

제작_ 루돌프 쉬스틀Rudolf Schiestl(1878~1931). 독일의 화가, 판화가, 그래픽 아티스트, 유리공예가.
풍경, 농촌 모습, 종교적 주제를 작품에 표현했다. 1910년에는 뉘른베르크응용미술학교 교수로 임명되
어 그래픽을 가르쳤다. 1906년.

SPES MEA IN DEO

PERCY NEVILLE BARNETT

퍼시 네빌 바넷_Percy Neville Barnett_(1881~1953)

오스트레일리아의 수집가, 감정가. 평생 동안 장서표를 수집하고 부흥시키는 데 헌신했다. 자신이 모은 컬렉션을 바탕으로 장서표 관련 서적을 여러 권 저술했다.

제작_ 찰스 윌리엄 셔본Charles William Sherborn(1831~1912). 영국의 조각가, 판화가, 장서표 디자이너. 금 세공사에서 출발하여 판화로 영역을 넓혀 갔다. 현대의 초상화와 그림을 판화로 복제했고 인생 후반부에는 장서표를 왕성하게 제작했다. 1908년.

W B
YEATS
BONIS
OMNIA
BONA
JE ME
TROUVE

W B Yeats

T. Sturge Moore.

윌리엄 버틀러 예이츠 William Butler Yeats(1865~1939)

**아일랜드의 시인, 극작가. 환상적이며 시적인 《캐서린 백작부인》을 비롯하여 뛰어난 극작품을 발표했고,
1923년에는 아일랜드 작가 최초로 노벨 문학상을 수상하였다. 독자적 신화로 자연(자아) 세계와 자연 부
정(예술) 세계의 상극을 극복하려 노력했다.**

제작_　토머스 스터지 무어Thomas Sturge Moore(1870~1944). 영국의 시인, 극작가, 판화가. 예이츠와
함께 문예 극단을 결성하여 희곡을 쓰고, 시집도 여러 권 발표했다. 예이츠의 오랜 친구였고, 판화가로서
예이츠를 비롯한 시인들의 시집 표지를 디자인해 주었다.

DILIGENTIA

EX·LIBRIS CAMPBELL DODGSON

캠벨 도지슨 Campbell Dodgson(1867~1948)

영국의 미술사가, 편집자, 박물관 큐레이터. 대영박물관의 판화·소묘 소장품부 부장으로 일했으며, 독일어
에 능통하여 독일 정기 간행물에 자주 기고했다. 알브레히트 뒤러의 작품에 관한 책을 저술하고 미술 잡지
의 편집을 맡기도 했다.

제작_ 토머스 스터지 무어. 1909년.

Ex libris Georg Strauch

게오르크 슈트라우흐 Georg Strauch

독일 브레멘의 담배업자.

제작_ 하인리히 포겔러Heinrich Vogeler(1872~1942). 독일의 화가, 삽화가, 디자이너, 건축가. 볼셰비키 이념에 대해 알게 된 후 고리키의 작품을 연구하면서 노동계급에 관심을 갖고 작품 활동을 했다. 제1차 세계대전이 끝난 후 독일 공산당에 합류했고, 1931년 러시아로 이주했다. 아르누보 풍의 다양한 그림 외에도 오스카 와일드, 릴케 등의 작품에 삽화를 그렸다. 1909년.

EX LIBRIS
MARIE VOGELER.

마리 포겔러_Marie Vogeler I_

하인리히 포겔러의 어머니.

제작_ 하인리히 포겔러. 1903년.

Ex libris
Selma Löhnberg

셀마 뢴베르크 *Selma Löhnberg*

독일의 이비인후과 의사 및 미술 수집가인 에밀 뢴베르크Emil Löhnberg의 아내. 에밀 뢴베르크는 하인리
히 포겔러의 친구였다.

제작_ 하인리히 포겔러. 1910년.

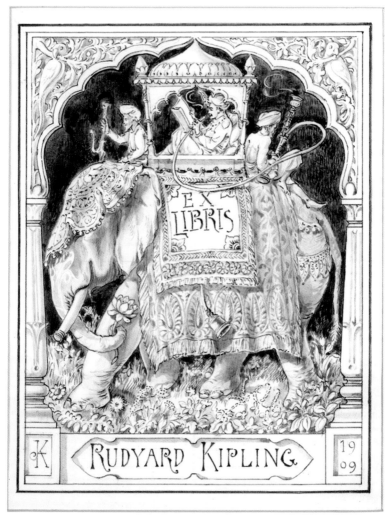

EX LIBRIS

RUDYARD KIPLING

1909

러디어드 키플링_Rudyard Kipling_(1865~1936)

영국의 소설가, 시인. 인도에서 태어나 어린 시절을 보낸 덕에 동서양 문화를 두루 경험했다. 인도의 풍경
과 동물에 대한 사랑에서 영감을 얻어 《정글북》을 발표했다. 뛰어난 관찰력과 독창적인 상상력, 기발한 착
상, 이야기를 버무리는 놀라운 재능을 인정받아 1907년 영미권에서 최초로, 또한 최연소 수상자로 노벨 문
학상을 수상했다.

제작_ 존 록우드 키플링John Lockwood Kipling(1837~1911). 영국의 미술 교사, 삽화가, 박물관 큐레
이터. 영국령 인도에서 오랫동안 지내며 라호르박물관 관장과 마요미술학교 교장을 역임했다. 아들인 러
디어드 키플링을 비롯해 여러 작가들의 책에 삽화를 그렸고, 빅토리아앨버트박물관의 내부 장식을 맡아
진행했다. 1909년.

EX-LIBRIS

Harold G. Averill

F. Chalandre

해럴드 애버릴<i>Harold G. Averill</i>

제작_ **페르낭 샬랑드르**Fernand Chalandre (1879~1924). 프랑스의 화가, 판화가. 사고로 다리를 다친 후 휠체어에 의지해 여러 도시를 여행하며 그림을 그렸다. 1919년.

EX LIBRIS
HANS
HUBER-SULZEMOOS

A.KUNST

한스 후버 줄체모스 Hans Huber-Sulzemoos(1873~1951)

독일의 화가. 자연을 소재로 정물화나 풍경화를 주로 그렸고, 가톨릭 성당의 장식품을 많이 제작했다.

제작_ 아돌프 쿤스트Adolf Kunst(1882~1937). 독일의 화가, 판화가. 풍경을 즐겨 그렸고 고산을 모티프로 한 작품이 많다. 동판, 석판, 목판 등 다양한 판화 기법을 섭렵했고 400점이 넘는 장서표를 제작했다. 1919년.

IGNAZ. JAN. PADEREWSKI.

이그나치 얀 파데레프스키_Ignaz Jan Paderewski_(1860~1941)

폴란드의 피아니스트, 작곡가, 수상. 쇼팽, 베토벤, 바흐 연주에 뛰어났으며, 오페라 〈만루Manru〉, 〈교향곡 b단조〉 등을 작곡했다. 제1차 세계대전 후 독립한 폴란드 공화국의 초대 수상이 되었지만 1년 만에 사임하고 다시 피아니스트로서 전 세계를 누비며 활동하였다.

제작_ 윌리엄 필립스 배럿William Phillips Barrett(1861~1938). 영국의 장서표 디자이너. 100여 점이 넘는 작품을 남겼다. 1908년.

GEORGIE EVELYN
CAVE GASKIN

조지 이블린 개스킨_Georgie Evelyn C. Gaskin(1866~1934)_
영국의 보석공예 및 금속공예 디자이너. 아서 개스킨의 아내.

제작_ 아서 개스킨Arthur Gaskin(1862~1928). 영국의 화가, 삽화가, 판화가, 장식예술가. 목판화 일러스트와 템페라 기법을 활용한 작품을 만들었고, 점차 보석 디자인 분야로도 영역을 넓혀 아내와 함께 자신의 이름을 붙인 보석 장신구를 제작했다. 이 장서표는 아내에게 만들어 준 것이다. 1896년.

EX
LIBRIS
J. Dupeyrat

뒤페이라J. Dupeyrat

제작_ 조르주 오리올Georges Auriol(1863~1938). 프랑스의 시인, 작곡가, 그래픽 디자이너, 아르누보 예술가, 타이포그래피 디자이너. 많은 매체와 일하며 잡지, 서적, 악보 등의 표지, 모노그램, 상표 등 다양한 일러스트를 제작했고, 타이포그래피와 북 디자인에도 관심을 기울였다.

DRYBROOK

EX LIBRIS
TRUMAN·H·NEWBERRY

트루먼 뉴베리|*Truman H. Newberry*(1864~1945)

미국의 사업가, 군인, 정치인. 은행가의 아들로 태어나 미시간육군사관학교를 졸업하고 일반 회사에서 사회생활을 시작했다. 해군 중위로 복무한 뒤 루스벨트 대통령 정부에서 해군장관을 역임했고, 미시간 공화당 상원 의원을 지냈다.

제작_ 아서 넬슨 맥도널드Arthur Nelson Mcdonald(1866~1940). 미국의 삽화가, 장서표 디자이너. 1917년.

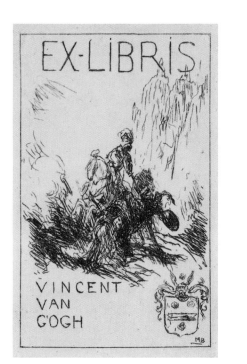

EX·LIBRIS

VINCENT
VAN
GOGH

빈센트 반 고흐 Vincent van Gogh(1853~1890)

네덜란드의 후기 인상파 화가. 선명한 색채와 정서적인 감화로 20세기 미술에 지대한 영향을 미쳤다. 주로 남프랑스에서 활동하며 수많은 자화상을 비롯하여 해바라기, 태양 등을 주제로 한 풍경화와 초상화를 그렸다. 대표작으로는 〈빈센트의 방〉, 〈별이 빛나는 밤〉, 〈밤의 카페〉, 〈해바라기〉, 〈감자를 먹는 사람들〉 등이 있다.

제작_ 마리우스 바우어Marius A. J. Bauer(1867~1932). 네덜란드의 화가, 판화가. 모로코, 알제리, 이집트, 인도, 실론 및 네덜란드령 동인도 등지를 여행하며 스케치했다. 동방의 풍경을 인상주의 화풍으로 그려 명성을 얻었다. 단편 문학 저널에 삽화를 그리기도 했다.

WALTER P. CHRYSLER JR.

Books are but stepping stones by which man has risen from the darkness of ignorance to the light of knowledge

December 25.96

E. B. BIRD

월터 크라이슬러_Walter P. Chrysler(1875~1940)_

미국의 사업가, 자동차 기술자. 철도 기사로서 기관차 제조에 종사하다가 1923년 크라이슬러자동차를 설립했다. 자신이 직접 설계한 고압축 엔진 자동차를 생산해 큰 성공을 거두었고, 크라이슬러사를 세계적인 자동차 기업으로 성장시켰다.

제작_ 엘리샤 브라운 버드Elisha Brown Bird(1867~1943). 미국의 그래픽 아티스트. 많은 책 표지와 장서표, 포스터를 디자인했다.

 FRANCIS MARION CRAWFORD

P. AVRIL Sc.   HENRY BROKMAN DEL.

프랜시스 매리언 크로퍼드 *Francis Marion Crawford* (1854~1909)

미국의 작가. 이탈리아를 배경으로 한 소설을 많이 발표했으며, 기묘하고 환상적인 이야기를 잘 풀어내어 타고난 이야기꾼으로 평가받는다. 《화이트 시스터》, 《인도의 아들》 등 많은 작품이 영화화되었다.

제작_ 헨리 브로크만 Henry Brokman (1868~1933). 덴마크 출신의 화가. 북유럽을 지배했던 상징주의 경향에 몰두했다가 이탈리아, 이집트, 시리아를 여행한 후 풍경화와 초상화를 주로 그렸다. 로맨틱한 기질과 터너의 영향력이 작품에 드러난다.

EX LIBRIS

AGNES WEILAND

아그네스 바일란트 *Agnes Weiland*

독일의 학교 교사. 가드소 바일란트의 아내.

제작_ 가드소 바일란트Gadso Weiland(1869~1915). 독일의 화가, 그래픽 아티스트. 고등학교 시절 청각을 상실했지만 미술 공부를 계속하여 화가의 길을 걸었다. 태피스트리와 삽화 외에 장서표도 디자인했다.

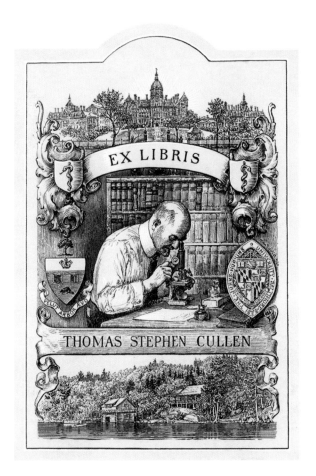

EX LIBRIS

THOMAS STEPHEN CULLEN

토머스 스티븐 컬런_Thomas Stephen Cullen_(1868~1953)

캐나다 출신의 의사. 토론토대학을 졸업하고 미국의 존스홉킨스대학과 독일의 괴팅겐대학에서 공부한 후 존스홉킨스대에서 산부인과 임상 교수를 역임했다. 자궁암과 자궁 외 임신을 비롯한 부인과 질환을 연구하고 생물 의학 출판에서 다이어그램을 광범위하게 사용하도록 장려했다. 이 장서표를 제작한 막스 브뢰델과는 친구 사이였다.

제작_ 막스 브뢰델Max Brödel(1870~1941). 독일 태생의 미국 의학 전문 삽화가. 라이프치히미술학교 졸업 후 칼 루드비히 박사로부터 의학에 대한 지식을 배우며 의학 전문 삽화가로서 경력을 쌓았다. 존스홉킨스대에 근무하며 많은 전문의들을 위해 의학 삽화를 그렸고 후학을 양성했다. 의학 삽화에 카본 더스트 기법을 도입하여 정밀도를 높였다.

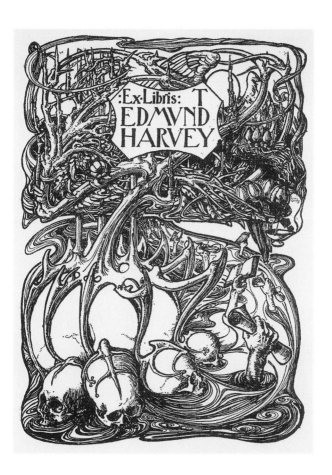

에드먼드 하비 *T. Edmund Harvey*(1875~1955)

대영박물관 큐레이터, 사회개혁가, 정치가, 저술가. 기독교와 퀘이커 교파의 역사에 관한 저서를 다수 저술했다.

제작_ 시릴 골디Cyril Goldie(1872~1942). 영국의 화가, 판화가. 1897년.

EX
LIBRIS

DR OTTO

WEIGMANN

오토 바이크만 *Dr. Otto Weigmann(1873~1940)*

독일의 저술가. 미술에 관한 책들을 여러 권 썼다.

제작_ 빌리 에링하우젠Willy Ehringhausen(1868~1933). 독일의 화가, 그래픽 아티스트. 1900~1905년.

Ex libris Georges Foury

Fert in omnia rutubam et
tristitiam terribilis amor

조르주 구리 Georges Goury(1877~1959)
프랑스의 변호사, 법률가, 저술가. 로렌박물관 큐레이터를 역임하며 선사시대에 관한 책을 여러 권 발표했다.

제작_ 라파엘 키르히너Raphael Kirchner(1876~1917). 오스트리아의 화가, 삽화가. 아르누보 양식의 초상화를 많이 그렸다. 제1차 세계대전 후 미국으로 이주하여 아름다운 여성을 그린 핀업 시리즈를 선보였다. 평생 동안 그림엽서 형태로 천 편이 넘는 작품을 발표했다. 특히 동양 풍의 '게이샤' 시리즈는 사만 장이 넘게 판매되는 인기를 누렸다. 1905~1906년.

Fingoshin

091

프랭클린 루스벨트*Franklin D. Roosevelt*(1882~1945)

미국의 제32대 대통령. 민주당 출신으로 미국 역사상 유일무이한 4선 대통령이다. 대공황이 절정기에 달했을 때 대통령에 취임하여 신속하고 적극적인 조치를 약속하면서 희망을 불러일으켜 국민들이 자신감을 되찾도록 도왔다. 대공황을 극복하기 위해 뉴딜 정책을 강력하게 추진했고 국제 문제 해결을 위해 UN 창설을 적극 주도했다.

제작_ 미헬 핑게스텐Michel Fingesten (1884~1943). 오스트리아의 화가, 판화가, 그래픽 아티스트. 여러 나라를 여행한 후 소규모 그래픽과 캐리커처 드로잉을 공부하고 동판화를 배웠다. 많은 장서표를 제작했다. 1938년.

EX LIBRIS

RAINER MARIA
RIEKE

Fingersen

092

라이너 마리아 릴케_Rainer Maria Rilke_(1875~1926)

**독일의 시인. 로댕 예술의 진수를 접한 후 로댕에게서 커다란 영향을 받았다. 인간 존재의 긍정을 희구하는
예술 정신의 흔적을 보이며, 보들레르 이후 내면화의 길을 걸어온 서구시의 정점이라 일컬어지는《두이노
의 비가》와《오르페우스에게 바치는 소네트》같은 대작을 남겼다.**

제작_   미헬 핑게스텐. 1921년.

EX LIBRS

Robert Francis Coyle

로버트 프랜시스 코일 Robert Francis Coyle(1850~1917)

**미국의 저술가.《교회와 시대: 설교집》,《바위와 꽃: 사도신경에 관한 7가지 담화》등을 발표했다. 이 장서
표를 제작한 레이 프레더릭 코일의 아버지이다.**

제작_ 레이 프레더릭 코일Ray Frederick Coyle(1885~1924). 미국의 삽화가, 장식예술가. 프린스턴대학
교와 에든버러대학교에서 학업을 마친 후 독학으로 미술을 배워 인테리어 장식 사업을 시작했다. 개인 주
택과 사무실과 교회에 벽화를 제작했고, 많은 책에 삽화를 그렸다. 1900년.

EX LIBRIS: ANANDA
COOMARASWAMY

아난다 쿠마라스와미 *Ananda Coomaraswamy(1877~1947)*

**인도 출신의 철학가, 역사가, 박물관 큐레이터. 미술사와 상징주의에 정통했으며 서구에 고대 인도 미술을
소개하는 데 지대한 공헌을 했다.**

제작_ 에릭 길Eric Gill(1882~1940). 영국의 조각가, 사상가, 서체 디자이너, 판화가. 영국에서 '예술 수
공예 운동'에 앞장섰다. 런던의 여러 건물에 부조를 조각했고, 레터링에도 관심을 기울여 인쇄물에 쓰는
독특한 서체를 개발했다. 1920년.

EX-LIBRIS

CHARLES P. SEARLE

찰스 설_Charles P. Searle_

제작_ 시드니 로턴 스미스Sidney Lawton Smith(1845~1929). 미국의 판화가, 삽화가, 장서표 디자이너. 많은 삽화와 장서표를 제작했다. 1904년.

HARRY WORCESTER SMITH

해리 우스터 스미스_Harry Worcester Smith_(1865~1945)

미국의 사업가, 스포츠맨. 섬유업계의 거물로서 자동 직조 및 디자인과 관련된 특허를 40개 이상 보유했다. 어렸을 때부터 말을 타고 여우 사냥을 즐긴 영향으로 스포츠를 진흥하는 데 평생을 바쳤다.

제작_ 시드니 로턴 스미스. 1921년.

EX-LIBRIS

ADOLF WILHELM

아돌프 빌헬름 *Adolf Wilhelm*(1864~1950)

오스트리아의 금석학자, 문헌학자. 그리스와 소아시아에 대한 연구를 진행하고, 빈대학교에서 고대 그리스 문헌학과 금석학을 가르쳤다.

제작_ 지그문트 리핀스키Sigmund Lipinsky(1873~1940). 독일의 화가, 그래픽 아티스트. 초기에는 상 징주의의 영향을 받았고 누드 수채화를 즐겨 그렸으나 점차 판화 및 조각, 장서표 등으로 작업 영역을 넓 혔다. 1921년.

EX ⚖ LIBRIS: D.ʳ GUSTAV LEUSCHNER

구스타프 로이슈너*Dr. Gustav Leuschner*

제작_ 알로이스 콜프Alois Kolb(1875~1942). 오스트리아의 화가, 판화가, 삽화가, 그래픽 디자이너. 화가의 아들로 태어나 뮌헨미술학교에서 회화를 배웠고 독학으로 동판화를 익혔다. 대중적인 내용에서 철학적 상징성을 지닌 작품에 이르기까지 다양한 주제로 작업했다. 1910년.

SIDNEY HUNT 1923

CURVED IS THE PATH OF ETERNITY "Nietzsche"

S. J. H

시드니 제임스 헌트_Sidney James Hunt_(1896~1940)

영국의 화가, 시인, 편집자. 1920년대에 장서표를 디자인하고 국제적인 미술 잡지에 모더니즘 화풍의 그림을 게재했다. 또한 여러 잡지에 실험적인 시들을 발표했고 아방가르드 잡지 《레이Ray》의 편집을 맡았다. 남성미의 필수 요소를 표현하기 위해 추상화를 활용했고 동성애를 주제로 한 작품을 제작했다. 영국의 모더니즘을 개척했다고 평가받는다.

제작_ 시드니 제임스 헌트. 1923년.

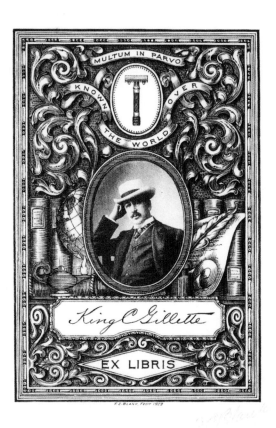

MULTUM IN PARVO

KNOWN

OVER

THE WORLD

King C Gillette

EX LIBRIS

F.C.BLANK, Fecit 1923

킹 질레트_King C. Gillette(1855~1932)_

미국의 사업가. 볼티모어실컴퍼니의 영업 사원으로 일하다 1901년 아메리칸세이프티레이저를 창립한 후 안전면도기를 생산하여 세계적인 기업으로 키워 냈다. 오늘날 면도기의 대명사로 알려진 질레트 브랜드로 유명하다.

제작_ 프레더릭 찰스 블랭크Frederick Charles Blank (1866~1942). 미국의 판화가, 장서표 디자이너. 파나마태평양박람회에서 파나마, 운하, 서구 발전의 역사를 보여 주는 판화로 금메달을 수상했고 장서표를 여러 점 제작했다. 질레트사의 전시용 금 면도기를 조각하기도 했다. 1929년.